mutmachrot

Gedichte

Hanne Strack

Dorante Edition

mutmachrot

Gedichte

Hanne Strack

Bibliografische Information durch die Deutsche Nationalbibliothek: Die Deutsche Nationalbibliothek verzeichnet diese Publikation in der Deutschen Nationalbibliografie; detaillierte bibliografische Daten sind im Internet über http://dnb.d-nb.de abrufbar.

Herausgegeben durch das Literaturpodium, Dorante Edition
Berlin 2020, www.literaturpodium.de
ISBN 9783752660982

Foto auf der Vorderseite: Hanne Strack
Foto auf der Rückseite und im Band: Fotograf W. Keber

Verlag und Herstellung: BoD – Books on Demand, Norderstedt

ich bin nur zu Besuch hier

weiß nicht recht
woher wohin

gekommen um zu gehen
hungrig am gedeckten Tisch
bleiben so viele Fragen
unbeantwortet
im Raum

mit wackliger Kompassnadel
Gegend erkunden
zögerlich
nach dem Weg suchend

**entscheide mich
zu staunen**

ich bin nur zu Besuch hier

Schmetterlings-Wort

Schmetterlings-Wort

es schwirrt
und summt
und surrt
in meinem Kopf

flattert davon
schwups weg
wieder da

wie ein Schmetterling

so leicht
so bunt
up up and away

ruft es mir zu

so was wie
Liebe?

Muschelliebe

gestrandet
versandet
gefunden
verbunden
gerettet
gebettet
verkettet
sonettet

wie auch immer

zweisam
gemeinsam
nicht alleine bei Flut

Liebesgedichtversuch

auf einer Leiter
angelehnt im Nirgendwo
schwankend zwischen Erde und Himmel

bin ich auf der Suche
nach dem perfekten Liebesgedicht
für dich

immer höher hinauf
in der Hoffnung
ganz weit oben
die passenden Worte zu finden

wie ein Fisch im Himmel auf der Suche nach dem Meer

anstatt unten zu bleiben und dir die Haare
aus den Ohren zu schneiden

eigentlich

wollte ich dir
was von Liebe
erzählen

die Worte hängengeblieben
im alltäglichen Allerlei
des Allerweltsgeschehens

verfangen
im Dickicht
der Einkaufs-und-toDo-Listen
verflogen
im Nebel
der Kochtopfschwaden
untergegangen
im Staubsaugergetöse
und dem Klappern
der Geschirrspülmaschine

bis sie
eingefangen in

eigentlich

dich
hoffentlich
irgendwie
erreichen

Strickmütze oder gut behütet

in einer Welt
in der die Winter
dem Sommer weichen
viel zu früh
und Regenwasser
die ausgetrockneten Böden
überschwemmt

in der
rechts vor links
nicht nur im Straßenverkehr gilt
und uns die Zeit
von vor 90 Jahren

auf die Pelle rückt

in der
Friedensgespräche
von Militäraufstockung
und Waffenlieferungen
handeln

und Hiroshima
Tschernobyl
Fukushima
wie veraltete
Kinofilme
in der Versenkung
verschwinden

in der
ich mich
an Stricknadeln klammere
die dich
gut bemützt behütet
all das hoffentlich
überstehen lassen

Erdbeeren

frei nach Kinskis Villon

ich bin so wild
nach deinem
roten

Erdbeerkuchen

mit Pudding drunter
Sahne drüber

so schreib ich mir
die Finger wund
zwar kerngesund
doch!
zum Glücklichsein
da fehlt mir etwas noch

ich bin so wild

nach deinem roten Erdbeerkuchen

Liebesgedichte

verschlungen
die von
Fried und Kaléko

mich verloren
in denen von
Hesse und Rilke

verzückt
von
Schiller und Goethe

geliebt
ohne Worte
mit Augen
und Händen und Haut und Herz
von dir

drei Buchstaben

alle Satzgeburten
und Wortungetüme
reduziert
auf
du und ich und Liebe

wandern wir
sorglos
auf dem Weg
der Sprachlosigkeit

Richtung
Schwarzes Loch
der letzten drei Buchstaben
TOD

und dann?

rote Linie

Du
bist die rote Linie
in meinem Leben

noch dünn gestrichelt
in den Zeiten
als das Leben wie ein Endlosfilm
sich abzuspulen begann

langsam die Zwischenräume schließend
sich verbindend
hinweg über Bergspitzen
und durch Untiefen

so rot so fett so stark

nie ausgeleiert
eher dem Stahlseil gleich
über das wir balancieren
Abgründe im Blick
weit unter uns lassend
gegenseitig Geländer

nie Grenze
die rote Linie
sondern Weg

in Liebe

Sprachgewand

Lyrik

ein Ventil
mein Ventil

Sprachgewand
ohne Netz und doppelten Boden
in dichter Formation
verfasst
zusammengefasst
zusammengezurrt
aus Wortfäden
zur Reißleine
vor dem Absturz

in Freude Schmerz Angst Liebe

ausgedrückt
ausgedruckt
bevor verschluckt
im Schwarzen Loch
übersprudelnder Worte

gerettet
vor dem Vakuum löchriger Sprachlosigkeit

ein großes Glück

sie zu wissen
in einer der Gehirnschubladen

Worte
für
Freude
Liebe
Traurigsein
Lust auf Tomatensuppe

brauchbar
wie die Löffel
zum Schlürfen
Verschlucken
Spucken
Ausspucken

nur
manchmal klemmt sie
die Schublade

**Gedicht
oder
muss sich das nicht reimen?**

verdichtetes
Stück Welt
auf kleinem Raum

abgedichtet
geöffnet
geschlossen
in Form gebracht

angedichtete
Ungereimtheiten
hinterfragt

muss sich das nicht reimen?

PS: nur
    the very great presidents
    dürfen sich was
    zusammenreimen

Lucida

Worte
machen sich breit
in meinem Kopf

mal fett
mal schräg
in unterschiedlichen Größen

rauben sie mir
in Arial oder Times New Roman
den Schlaf

auch schon mal
im leichtfüßigen
Lucida

erst
in krakeliger Handschrift
werden sie zu Sätzen

diese Wörter

lasst sie auf der Zunge zergehen
während das Herz schneller schlägt
und im Kopf ein Farbenrausch explodiert

Schneeglöckchen
Krokus
Veilchen
Blaustern
Primel
Anemone

Heilmittel
nach einem grauen Winter

Redeverwendungen

geht`s noch?
geht doch!

mit Hängen und Würgen
über Stock und Stein
ohne wenn und aber
frank und frei
mit Müh und Not
Hals über Kopf
durch Dick und Dünn
in drei Teufels Namen

Sekt oder Selters
bis zum bitteren Ende

geht`s noch?
geht doch!

honigmund

süß
saftig
g`schmackig

Nussbeugel
Nussecke
Zimtschnecke

leck
schmeck
weg

gelb
gold
mmhhh

warten auf den nächsten Mai

Winteraustreibung 19/20

unnötig
nicht erschienen
steckengeblieben
im wärmenden Nieselregen

Schnee
aus Kanonen
Eisdielen
ganzjährig geöffnet

Aussitzen
die Devise
auf fetten Fernsehsesselhintern
während uns
allabendlich
die australischen Brandbilder
mollig einheizen

aber
keine Angst
Rauchschwaden erst
bis Chile

alles gut
alle Wetter
15 ° plus im Januar

warten auf den nächsten Mai

die Pfingstrose
hat eine Schneise geschlagen
rosarot blättrig duftend aufgeblüht
die Sinne betörend
ist sie explodiert über Nacht

Pracht
aus knospender Bescheidenheit
in eine wahrhaft gewaltige
Üppigkeit

eröffnet sie
den Sommerrosenreigen
kaum zu übertreffen
in ihrer melancholischen Schönheit

kein Wort mehr
nur noch Staunen

bis sie
abgeblättert
am Boden liegen
die Farben
die Düfte

warten auf den nächsten Mai

federleichte Wolkenferne

Leben so nah

nichts wird mehr
wie zuvor
haltloses Geländer

Wolken
werden wieder sein

anders

gleißende Hitze

hat sich auf das Land gelegt

heiße Haube
verlorener Windhauch
im verdorrten Regen

Schwere
lässt Gedanken versinken
in zersetzender Schwüle

Wassertropfen
wären
Wunder

Zinnia

mexikanische Schönheit
zeitlos einjährig
Gemälde aus Farben und Formen

in ihrer Blüte
spiegelt sich die Welt
eine Ahnung
von Entstehen und Vergehen

ständiger Kreislauf

tröstliche Zinnia
in ihrer Einzigartigkeit
Schönheit
selbst im Zerfall

eingenickt

bis ein Vogel zwitschert

in offenen Augen
der Himmel
blauer
die Wolken
weißer

der Vogel
lauter
in offenen Ohren

während ein Flieger
über den Himmel rast
rennt die Zeit und schleicht
und klebt

spürbarer Moment
der auf mich fällt
und sich breit macht

im blau-weißen Gezwitscher

Liebe – herbstzeitlos

Herbstliebe
zeitvoll vollzeit halbzeit endzeit
allzeit

Zeiten
von Frühling bis Winter
niemals
lieblos

grünrotgelb

der Wald
ist am schönsten
vor dem langen Schlaf

wenn die Farben der Blätter
eine Wärme ausstrahlen
die den Sommer in den Schatten stellt

das Leben
in einer Buntheit ausgemalt
als könne es niemals enden

abblätternde Liebeserklärung
an diesen Ort
Erde

Herbst-Haiku

gelbrote Blätter
warme Töne bunt im Grau
Winterkälte bald

wenn Steine klagen

_____

Syrien 2018

wenn Steine klagen
bleibt nur
Staub

der in die Lungen dringt
in die Augen
in die Herzen
ins Gedärm

Beine steckengeblieben
im Sumpf der Steine

die so laut klagen
so laut

Menschen verstummt
hinter Staub

mit Werbung geht`s weiter

Mord und Totschlag
Zerstörung
Verlust
Schmerz
Leid
Menschen auf der Flucht
leere Kinderaugen

das Fernsehbild flimmert
mit Werbung geht`s weiter

Stadt in Syrien

(in Anlehnung an ciudad von Eugen Gomringer)

Straßen
Straßen und Trümmer

Trümmer
Trümmer und Männer

Männer
Männer und Waffen

Straßen und Trümmer und Männer und Waffen
und eine Schreiende

graugrauschwarz

erschreckendes Erkennen
wahnsinniger Wahrheiten

Kindesmissbrauch
Vergewaltigung
Terror
Krieg

meist MÄNNER

verzeih mir, Liebster…

schäme mich

Gedichte zu schreiben
über den Tod in den Syrien dieser Welt
das Grauen an diesen Orten
mit Lyrik zu verbinden

schäme mich
weil mir nichts Besseres einfällt
um zu helfen
zu verändern
beizustehen

schäme mich
aller Worte

Fake-News
oder schön wär`s gewesen

(nach erhofftem Impeachment)

Endlich!
ist der Twitterkönig abgetreten,
worum die Welt und halb Amerika
ihn so lange schon gebeten.
Jetzt kann er golfen und twittern und grinsen so breit,
seine Fingerübungen machen,
bei denen wir dachten:
„Ist der noch gescheit?"

So viel Dummheit und Frechheit in einer Person,
als Politiker war er ein einziger Hohn.
Ab in die Wüste mit Trump und Konsorten,
lasst uns das feiern –
allerorten!

Die Demokraten haben`s geschafft,
sogar die Republikaner gerafft,
Amerika ist again wieder great,
gottseidank – noch ist nicht alles zu spät!

Hummeln im Hintern

braucht`s
zum Aufstehen
gegen Gewalt Krieg
die Ungerechtigkeiten in dieser Welt

Stille
braucht`s
zum Kraftschöpfen
für die

Hummeln im Hintern

lange Weile

Langeweile

wünsche ich mir

langweilige
lange Weile

ohne
Hetzen
Hasten
Rennen

lange Weile
in der ich
das schrecklich kurzweilige Leben

überliste

das hilft

Tag so kurz
Zeit so schnell
Leben so schwer
Kopf so voll
Wetter so schlecht

Ruhe atmen lächeln

das hilft

und doch!

nichts bleibt
wie es ist
nichts ist
wie es bleibt

alles fließt*
gewiss
ins Ungewisse

nichts wird
wie man denkt
nichts denkt
wie es wird

alles fließt
gewiss
ins Ungewisse

nichts hält
wie man hofft
nichts hofft
weil man weiß

alles fließt
gewiss
ins Ungewisse

*Heraklit

die Zeit

rennt vorbei
buntes Allerlei
lässt sie zurück
und ich
bin ein Stück
konfus

rast so schnell
leuchtet kurz grell
bin geblendet
nichts vollendet

sie plätschert und heilt
streckt sich und eilt
immer voraus
oh welch ein Graus
will ich sie halten
selbst verwalten
das Konto
das Tempo

doch sie lässt mich nicht ran
fragt niemals nach „wann"
überschlägt sich und
steht still
grad wie sie will

vergeudet geraubt oder geschenkt
keine Ahnung woher sie gelenkt
rauscht sie in Wellen auf mich zu
selbst beim Schlafen gibt sie niemals nie Ruh`

blöde Kuh

kann`s nicht lassen
versuche sie zu fassen
will sie fest orten
fange sie in Worten
hole sie ins Bild
freue mich wie wild
mein` sie gefangen

das ist zum Schluss
alles nur Stuss

ich ziehe vor ihrer Allmacht den Hut
mache mir Mut
denk`
alles wird gut

doch stehe ich weiter unter Strom
wie ein Phantom
treibt sie mich um
und schon ist sie
rum

Eisvogel

wenn der Eisvogel ruft
ziehe ich den Kopf ein
nicht warten auf die Zeit
die ich wähne so weit

wenn der Eisvogel ruft
bleibe ich ganz bei mir
in der Angst vor der Kluft
die mich trennt von dir

lasse ihn schreien und rufen und sein
lebe mein Leben in diesem Schein
der mir vorgaukelt
wie schlechter Wein

es sei noch viel Zeit
viel Zeit

zum drehen und wenden

lebzeitvoll
vollzeit
lebvoll
zeitleb

los
zeitlos
leblos
losvoll

drauf
lebdrauf
drauflos
losdrauf

scheißdrauf
zeitscheiß
scheißdraufloslebzeitvoll

aus der Zeit gefallen

Zigeuner
sagt man nicht mehr
ich weiß

doch als mir heute
das Lied* begegnete
habe ich`s gesungen
einfach so
am Frühstückstisch

und Wehmut
umfing mein Herz
um mit der damaligen Sprache
zu sprechen

meine Mutter**
hat es mir oft vorgesungen
und ich liebte sie
meine Mutter
und die drei Zigeuner
die unter der Weide

die so wunderbar
das Leben lebten
wie ich es
vergeblich
ein Leben lang
versuche

  * „Drei Zigeuner sah ich einmal
    Liegen an einer Weide,
    Als mein Fuhrwerk mit müder Qual
    Schlich durch die sandige Heide ...“
    Nikolaus Lenau
 ** außer meiner Mutter hat Hannes Wader es auch gesungen

Blick eingeschränkt

ein kleines Stück
vom Himmel
Blätter
so grün
die Amsel
eine Operndiva

Zeit
macht sich breit
klebt an den Zeigern der Uhr

ein Freund
hat mir von Demut
erzählt

ich ahne
was er meint

Freundinnen
oder
dreimal im Jahr

treffen erzählen reden schweigen
zuhören
essen trinken
lachen weinen sich freuen
streiten stricken diskutieren
mitfühlen

dreimal im Jahr

Aufs und Abs
Höhen und Tiefen
Freud und Leid

immer in Sicherheit
der offenen Herzen und Ohren

dreimal im Jahr

Kinder Männer Mütter Enkel Katze Hund
Schule Schüler Politik
Freuden Krankheiten Alter
Leben Sterben
Bücher Filme Hobbys Reisen
Gott und die Welt

die Dinge des Lebens
kein Thema tabu
höchstens das Wetter

dreimal im Jahr

lass uns

Grübchen schmunzeln
Falten lachen
Flecken ärgern
Tränen weinen
Erinnerungen leben

die Zeit
ist nicht mehr
bester Freund

alle Jahre wieder

_____

Stille Nacht – eigentlich

kämen nicht die alten Männer
in den langen Kutten
und würden
Ihr Kinderlein kommet
singen
als wäre nichts gewesen

und der nette Herr Franziskus
abtreibende Mütter
mit Mafia-Mördern vergleichen

würde sich die Menschheit
nicht gegenseitig niedermetzeln
während in den Kaufrauschtempeln
Alle Jahre wieder Vom Himmel hoch
dudelt
und in Zentralafrika die Kinder verhungern

hätten die Luftverpesterbosse
nicht das Sagen
und würden uns alle
in ihren Geldsack stecken

ja dann
hätten wir vielleicht
eine Stille Nacht –
eigentlich

ich wäre dabei

gebe die Hoffnung nicht auf
alle Jahre wieder

auch!
Weihnachten

versteckt hinter Betonböllern
auf Weihnachtsmärkten
Polizeipatrouillen
als Engelscharen

verschollen
in der Glitzerbeleuchtung
der Einkaufsmeilen
auf der Jagd
nach dem immer Größer und Teurer

blinzelt es
hinter schrillen Leuchtreklamen
mit leisen Tönen im Gepäck
um die Ecke

lässt hoffen
auf stille Schneeflocken
in einer friedlicheren Welt

auch!
Weihnachten

Zack
Lametta an den Baum

Kugeln glitzern
Kerzen leuchten

das Jesuskind
hält sich
die Ohren zu

so laut
der Weltenkrach
das Twitter-Gewitter
der Scheinheiligkeiten

woran werden wir uns erinnern

Zack
Lametta an den Baum

Weihnachtswünsche für Heiligabend 2019

Von 365 Nächten mal eine Nacht,
in der`s nicht an allen Ecken kracht,
kein Hass-Speech-Gewitter,
kein Schwafel-Getwitter,

nur Ruhe und Frieden, natürlich auch Freud`,
paar Flocken und Plätzchen und Glockengeläut,
kein Nazigegröle,
kein Pegidagenöle,

weniger Hitze, mehr Regen und kaum CO_2,
Plastikmüll adé, Klimawandel bye-bye,

Verhüllungen weg, die Haare in den Wind,
keine Vormacht für niemand, alle gleich wie wir sind.
Trump und Konsorten in die Wüste auf schnellen Schlitten,
unter solchen Typen hat die Welt genug schon gelitten.

Ob Gott oder Allah, oder wessen Sohn auch immer,
lasst enden diese Nacht möglichst nie und nimmer.

Jetzt nur noch paar Kerzen und Schampus,
ne CD, vielleicht auch ein Buch,
mehr muss es nicht sein, echt!
Das wär` schon genuch ...

kleine Weihnachtssatire in Coronazeiten

am Heiligen Abend war das so
Familientreff halleluja
und alle meist froh

eng zusammen auf kleinstem Raum
in der Ecke stand der Baum
Artur lass das Fenster zu
sonst flackern die Kerzen und!
Kinder gebt Ruh`

nach den Geschenken
gab`s Küsschen und Drücken
so zeigte jeder dann sein Entzücken
es wurde gesungen
mal falsch meistens laut
während Mutter mit einem Auge zum Braten geschaut

ein Jahr lang von Ferne
an Weihnachten gerne
ganz nah und völlig ungeniert
        doch im Jahr 2020
           Überraschung!
              voll desinfiziert

mit Abstand und Maske
kommt euch nicht zu nah
die Geschenke nun kleiner
das Geld ist jetzt rar
zum Abholen unterm Baum wurden Kärtchen verteilt
die Kinder natürlich als erste geeilt
nacheinander in Bahnen
man bewegt sich zum Baum
bei zwei Meter Abstand bleibt nicht viel Raum
vom Speicher zum Keller die Schlangen stehn
den Onkel Artur gar nicht gesehn
alle Fenster weit offen
kaum einer besoffen

und doch!
es ist Weihnacht
fühlt euch einfach ganz nah
ein Jahr später werden wir erzählen
was Weihnachten 2020 geschah ...

Weihnachten 2020
oder
wie wird es werden?

stiller wird es sein
hinter den Masken
Augenglitzern als Lächeln

Kerzenschein wird tiefer dringen
kleine Tränen
versickern in weißem Vlies
oder bunten Stoffen
Umarmungen im Kopf
Luftküsse
Luftschlösser

Ungewissheit wird sein
über das neue Jahr
vor der Tür

sicher wird sein
Nachdenken
über Gott und die Welt
und die Hoffnung
auf Nähe
auf Frieden
und die Liebe unter den Menschen

vielleicht

noch planlos

leicht schwankend
im Silvesternebel
von Schampus und Böllern

den Plan für das neue Jahr
im hintersten Hinterkopf
schlummernd

gerne
aber
auch
weiterhin

planlos

auf der Suche

DNA
oder
auf der Suche

alles in einem
verlieren sich die Striche
meiner DNA
auf der Suche
nach dem Speziellen
Individuellen

komponiere eine Melodie
mit geliehenen Tönen fremder Akkorde
und erzähle meine Geschichte
als hätte ich sie selbst erlebt

auf der Suche
zwischen den Strichen
den Zäunen und Leitern
den Punkten ...

finde ich mich einzig
im Augen-Blick
von dir

plötzlich

komme mir selbst
so nah

sonst steht immer einer
im Weg
verdeckt die Sicht

plötzlich
wird`s laut
im Kopf
ausgeliefert
mir selbst
ohne Filter
glasklar

oh Schreck

wann
schiebt sich endlich wieder einer
ins Bild?

vogelwild

schlägt das Herz
schickt den Kopf
auf Höhenflug

die Füße
schneckentempogleich
aufwärts abwärts
durch schlammigen Sumpf
irdischer Unwegbarkeiten

im Krebsgang
unbekannte Perspektiven
erschließen

vogelwild
schlägt das Herz

bunte Beständigkeit

wie ein Stein
möchte ich sein
fest und stark
bis ins Mark
    graue Beständigkeit

während ich
im immerwährenden Wind
taumle wie ein Kind
oder ein Blatt
Farben so satt
    niemals gleich

mal grün gelb oder rot
vor Augen manchmal den Tod
meist leicht und unbeschwert
    alles verkehrt

bleibe nie wie ich bin
nur ganz innendrin
zur Orientierung hilft mir
    die Liebe zu dir

Reise

ich wäre gern
wie man mich sieht
so furchtlos forsch und frech und frei

im grauen Alltagseinerlei
reißt dieses Bild entzwei

bin ich so vieles mehr
auch weniger davon
ich kann`s nicht sagen
es ist auch keiner da
den ich könnt` fragen

ich sehe mich auf einer Reise
ständig stolpernd in ein Loch
und doch –
ich bin`s
   auf viele Weise

traurig

wurde ich
als sie
plötzlich
in meinem Kopf
auftauchten

nicht jung
nicht glatt
mit Rillen in den Nägeln

wunderschön

einzigartig
für mich
in ihrer streichelnden Zärtlichkeit

die Hände meiner Mutter

Kindheit

ist auch
katholisch
sein

ist knien
und knien
und knien
und beichten
zusammengeklaubter
Vielleichtsünden

ist Weihrauchgeruch
eingehüllt
von himmlischen Gesängen
Gänsehaut bis in den kleinen Zeh

ist Sonntag
und Glockenläuten
ist loben
und loben
großer mein Gott
und Vater und Sohn
und Heiliger Geist

ist Freude
und Schmerz
und Schmerz vor allem
und Trauer

um das Kind in der Krippe
und das Kreuz
und diesen Menschen

hilflos
am Kreuz
ist Suche
nach Gott
zwischen den Bänken

Gott nee!

Klingeln
an der Haustür

zwei Männer
wollen mir etwas
von Gott erzählen

oh Gott!

kein Bedarf
bin doch selbst
im ständigen Gespräch mit ihm

mein Gott!

siebzig

sehe Falten
in den Gesichtern der Freunde
ganz plötzlich
sind sie da

schaue in den Spiegel
da!
sehe ich nichts anderes

nur kleines Grübchen
lugt zwischendurch
aber erst wenn ich lache

also lache ich

aus vollem Hals
und tanze im Rosenmuseum zu
„dunkelrote Rosen"

na und?
halt siebzig!

Für Freddie M.
oder
Leben ist Oper

schwankend
zwischen dem feeling
alles
für mich selbst
und ein Sandkorn im Ganzen
zu sein

Lebensfreude
Todesahnung
gleichzeitig

lasse ich
die Musik von mir Besitz ergreifen
bis in die kleinste Zelle
breitet sie sich aus
in mir

tanzend
rasend
mit gestrecktem Arm
Richtung Himmel
bin ich völlig
BOHEMIAN RHAPSODY

don`t stop me now
it`s a beautiful day ...

trau dich

zu sagen
was ist
zu fragen
warum wann ob und wie

zu wünschen
zu berühren
Türen zu öffnen
Grenzen zu überschreiten
Rückzug eingeschlossen

zu danken
zu bitten
Enttäuschung zu ertragen

den Kopf leise
das Herz laut zu stellen

trau dich

über deinen Schatten zu springen
auch wenn du im Acker landest

oder willst du bis 100 warten?

Corona – Verschnitt

Schneckenhaus – Trilogie

Schneckenhaus 1.

Nasen
verschwinden
Unterschiede hinter Weiß

die Welt
hält den Atem an
und niest in die
Ellenbeuge

ab ins Schneckenhaus
nichts geht
nichts läuft
alles steht

ein kleines Virus
treibt seine Späße
drückt uns
ein Kränzchen
auf

erzwingt Innehalten

ist es das
was uns fehlt?!

29.2.2020

Schneckenhaus 2.

ein kleines Virus
treibt seine Späße
drückt uns
ein Kränzchen
auf

über die Augen gerutscht
vernebelt
verdunkelt
verdrängt es
den Blick

auf all die anderen
Grauslichkeiten
dieser Welt

5.3.2020

Schneckenhaus 3.

ein kleines Virus
treibt seine Späße
drückt uns
ein Kränzchen
auf

Türen schließen
Brücken hochziehen
Linsensuppe nur außerhalb

Hände
tief in die Taschen
einen Meter Abstand
mindestens

Küssen verboten

Rumpelstilzchen
lässt grüßen

wir alle
in der Zirkuskuppel dieser Welt
ratlos

14.3.2020

umgekrempelt

komm nur - bleib besser
berühren - nein danke
willkommen - nur mit Schutzanzug
zur Oma - vor den Fernseher
rechtes Händchen - schnell verstecken

öffnen - abgrenzen
festhalten - loslassen
zusammenrücken - fernbleiben
küss mich - um Gottes Willen

Nähe - Distanz
Überfluss - Beschränkung
Beschleunigung - Verlangsamung
Freiheit - ist auch die des anderen

man sieht sich - man liest sich
zum Lachen - zum Weinen
gemeinsam erleben - einsam sterben

Fake News - schön wär`s

verschlimmbessern?
alles ist möglich!

französisch geküsst - coronaisch gegrüßt

fühl dich umarmt

in schwierigen Corona-Zeiten
von Gedanken und Worten

gewärmt
mit einem Mantel
gewoben aus dem feinen Garn
der fürsorglichen Freundschaft

gedrückt
in den Träumen
die vier Meter Abstand
problemlos überwinden

versorgt
aus der einfachen Existenz
von Zuneigung

fühl dich umarmt
in der Erinnerung
an Nähe
und der Hoffnung
auf baldige
coronalose
wortüberflüssige Zeiten

weißt du noch

wie wir eng beieinander
im Café
die Köpfe zusammensteckten
über Schwarzwälderkirschtorte
und uns Geheimnisse
zuflüsterten
kichernd
oder Tränen vergießend
Nähe erlebten

wie wir
bei heißen Partys
auf dem Tisch tanzend
die Welt um uns
ausklinkten
und das Leben genossen

wie wir
uns weinend
in den Armen lagen
als die ersten
unserer „Alten"
plötzlich verschwanden

wie wir
begeistert mitsingend
eingezwängt in Menschenmassen
Tina Turner und Udo Lindenberg
zujubelten

wie wir
in traurigen Zeiten
uns Kraft gaben
durch einen Händedruck
und eine Umarmung

wie wir unbeschwert
in den Tag hineinlebten
gerade vor paar Tagen noch
und diesen Reichtum der Begegnungen
für das Selbstverständlichste der Welt hielten
gottgegeben

genau so
wird es irgendwann wieder sein
mit dem Unterschied
es niemals mehr
als selbstverständlich
hinzunehmen

Topfdeckelschlagen

die Stille
oft ersehnt
in Zeiten des bunten Lärms
meist
unerreichbar in ihrer Unfassbarkeit

nun dröhnt sie
in den Ohren
gluckt wie eine Henne
auf einer Welt des Stillstands
umhüllt uns
mit stummen Schwingen

in lautloser Heftigkeit
droht sie
uns zu erdrücken

gegenhalten
mit Topfdeckelschlagen
Glockengeläut

und AC/DC

Robinson Crusoe

Klassiker ausgekramt
in Coronazeiten
Einsamkeit
kein leeres Wort

Straßenlaternen
und Hochspannungsleitungen
ohne frische Früchte
Nahrungsmittellieferdienste
vor Kollaps
statt Robinsons Rauchzeichen
Draht- und Netzverbindungen

rettende Schiffe
am Horizont
verschwinden im Nebel

wohl dem
der einen Freitag hat

oder auch einen Sonntag oder Montag oder Donnerstag

Pfingstrosen in Lauerstellung

Frühling lässt sein blaues Band
uns wild um die Ohren
flattern

unbekannte Düfte
dringen durch verhüllte Nasen
schlimmstenfalls bis zum
Atemringen

Sonnenstrahlen
verklären den Blick
auf virusartige Schattengebilde

Wortneugeburten
erscheinen im Tröpfchennebel
Aerosole
Systemrelevanz
Schulsanitätssicherheitsmaßnahmen

wohlbekannte Versäumnisse
schießen aus dem Boden
überwuchern bärenklaugleich

Pfingstrosen in Lauerstellung

Hoffnung bleibt
auf`s nächste Säen

Redewendungen-Sarkasmus
oder
Virus - lass uns reden

jetzt geht`s ans Eingemachte
im April 2020
vorher Händewaschen
kommt Zeit kommt Rat kommt Angi
Gewalt ist auch keine Lösung

fuck scheiße merde
globale Verständigung
die Welt rückt zusammen

Virus - lass uns reden

Geiz ist geil
beim Klopapier
Geld kann man nicht essen
Scheine für den Allerwertesten
man gönnt sich ja sonst nix

my home is my castle
die Engländer haben`s schon immer gewusst
glauben heißt nicht wissen
und davon volles pint

könnte alles so schön sein
schlimmer geht nimmer
wie auch immer

Virus - lass uns reden

alles wird gut
oder auch nicht
bleib gesund
und friss die Hälfte

viele Köche
verderben den Brei
gibt`s noch Brei?

und Papier?
Geschenkpapier

Klopapier
Aktienpapiere
ein dreilagiges Hoch

ach du fette Pappe!

Theater live

himmelblau
sonnenstrahlgelb
vorgezogene Sommerleichtigkeit

bietet
das perfekte Bühnenbild für
My Fair Lady

aber
gespielt wird
Don Carlos
oder ist es
Macbeth

jedenfalls
rollen Köpfe
vor explodierender
Blütenprachtkulisse

Zuschauer
ratlos verunsichert
ausgestattet mit Masken
vom Käfig voller Narren

nach der Abstand-Pause
Handkes Publikumsbeschimpfung
kein Entkommen
Notausgänge abgesperrt

oder doch eher
Corona Horror Picture Show?

hier stimmt was nicht
Theater live

New York

du bunte laute aggressive
du wunderbare Stadt

mein Herz
schlägt für dich
und schmerzt
bei den Bildern
über den Atlantik geweht

du Stadt
voller Leben
gezeichnet von Corona-Sterben
und Tod

du geschundene
liebevolle
du wunderbare Stadt

ein HOPE
aus dir mitgenommen
schicke ich zurück

wenn man eine Stadt umarmen könnte
ich würde es tun

New York

**ach
heut ist mir so coronös***

ohne Virus
aber trotzdem

reißt es
an den Nerven
drückt auf`s Gemüt
Stimmung vier plus
Vernunft im Keller
Humor ebenso

heiß und kalt
Herz am Rasen
Verdauung schlecht
Schlaf miserabel

ach
heut ist mir so coronös

* coronös – Wortschöpfung (von meinem Freitag) für einen Zustand, in dem
  wir uns alle, auch in coronalosen Zeiten, ab und an befinden

Ich
Ich Ich Ich Ich Ich Ich
Ich Ich Ich Ich ich
ich ich ich ich
ich ich ich
ich ich
ich
ich
    wir
    wir
    wir wir
    wir wir wir
    wir wir wir wir
    wir Wir Wir Wir Wir
    Wir Wir Wir Wir Wir Wir
    Wir

Konkrete Poesie zur Bedeutung des Maskentragens

106

Särge von Bergamo

die Welt
hat sich die Augen gerieben
bella italia

als die Friedhöfe überquollen
von den Toten
die Lebenden
den Särgelastern
hinterherweinten

die Welt
wird eingeholt
von den Bergamosärgen

verstehen
wir
jetzt
endlich

Düsterzeit

lass kleine Sonnenstrahlen
durch die braungewordnen Blätter blinzeln
und Käfer mit den schwarzen Glückspunkten
sich auf meiner Jacke niederlassen
lass Hunde bellen Katzen maunzen
zur Freude über liebgewonnene alte Freunde

und Menschen hinter Stoff und Vlies
mir Freundlichkeit entgegenlächeln
die Augen weit geöffnet
für jeden
     in der Düsterzeit

Stille ist farblos

Stille ist farblos

doch wie ist farblos?

da jedes Ding
in Farbe lebend
jedes Tier
in Fell oder Federn
jeder Mensch
in der farbigen Palette
unendlicher Verschiedenheit

und Leben überhaupt
so laut
in seiner Buntheit

wo ist farblos?

unterwegs
auf der Suche nach
Stille

das hätte ich nicht gedacht*

nicht der Applaus am Ende
war die Belohnung

sondern
die Stille

diese
umfassende
verbindende
Stille
dieses stille Staunen in den Blicken
nach dem Gedicht

diese
warme
zufriedene
Stille
ausgefüllt
vom Nachhall und Schwingen der Worte

übergehend in
Einladung
Erwartung
Aufforderung
zum nächsten

diese Stille
als ich spürte
es ist angekommen

das hätte ich nicht gedacht

* nach meiner ersten Lesung am 12. Juli 2018 in der Villa-Herrmann

Spiegelungen

des Mondes
im See
der Wolken
im Fluss
der Bäume
in den Pfützen der Waldwege

von mir selbst
in zusammengefügten Wörtern
aus Mund und Feder

schnell verwirbelt
im Wind
verschwommen
im Regen
verzerrt verfärbt verblasst
mit der Zeit

die Wahrheit
liegt wo?
wenn überhaupt

umgefärbt

Sommerende
der Himmel noch hellblauweiß
Herbst schon in den Startlöchern

in graubraunem Gewand
vertrockneter Blätter
das Grünrotgelb
vergangener Zeiten
in der Bodendürrnis
verlorengegangen

melancholische Leichtigkeit
des geliebten Wintervorboten
abgetaucht
im Regenmangel

persönliche Probleme
nur Sternschnuppen
verglimmend
hinter den Asteroidenbrocken
Klimawandel und Corona

Sternenstaub

das ist
Glitzern und Klang
ein Himmelsmeer
voller Erinnerungen
Träume

Bewusstwerdung
unseres Nichts
und doch
alles

ein Nachmittag im Garten
mit Sonnenstrahlen
Blumen
und einer Freundin

so nah
im Abstand von Sternen
regnet der Himmel uns auf den Kopf
jedes Staubkorn
Leben

Farben hören

im Grün
die Ruhe des Waldes
bei Blau
das Endlos des Himmels
Gelb kratzig

Rot
lässt mich
auf dem Tisch tanzen

Mohnblumen

mutmachrot
mit trotz während nach
Corona

Farbe Freude Zuversicht
auf bessere Zeiten
immerhin
am Feldrand

Zweitonbegleitmusik
Stakkato
aus dem Wald

Kuckuck
Klatschmohn

Corona in heller Auflösung

Inhalt

120

Zur Autorin

Hanne Strack wurde 1948 in Wetzlar geboren und lebt seit vielen Jahren in Rüsselsheim. Sie ist verheiratet, hat eine Tochter. Von Beruf ist sie Sonderpädagogin und Yogalehrerin, jetzt im Ruhestand.

Veröffentlichungen:

- Hanne Strack, Lyrik – leiselaut, (Hrsg) Literaturpodium, Dorante Edition, BoD, 2018
- Gedichte in Literaturzeitschrift „aktuell" (3/2011)
- Gedichte in den Lyrikbänden des Literaturpodiums:
„Abendsegel", „Nordlandwinter", „Schattenspiel der Berge",
„Im Dünenblick" und „Pinselstriche, Klavier und Kunst"
- Abdrucke von Gedichten im Leserforum der „Frankfurter Rundschau"
- Kurzgeschichte „MeToo für Mama" in: Raubtier, Stockstädter Literaturwettbewerb, bornhofen-verlag 2019

Webseite: www.hannestrack-lyrik.com
Kontakt: hannestrack@gmx.de

lyrik leiselaut

Hanne Strack

140 Seiten, 2018

Aus dem Gegensatz leise – laut wird in der Lyrik von Hanne Strack eine Einheit. Leise die Töne in einfacher, klarer Sprache, laut deren Wirkung. Durch scheinbar gleiche Worte am Anfang und Ende entsteht bei vielen Gedichten ein Rahmen, der diesen Gegensatz zusammenführt. Aus dem leisen „wie sonst", wenn es um Überlebenstraining geht, wird ein lauter Klang am Ende, „klar, wie sonst!" Die leisen Töne machen die Musik für die Themen, die berühren und unter die Haut gehen.

Eine große Bandbreite von Inhalten kommt zur Sprache, ohne falsche Verklärung, kritisch auf den Punkt gebracht. So „fragil wie der Tanz auf dem Seil" wird Leben dargestellt, während in der „Ballade Amerika" die Geschichte einer ganzen Generation vorüberzieht.

„Ich hab`am Küchentisch geweint", ein Aufschrei der Hilflosigkeit, ein Zugeben der Machtlosigkeit. Nicht Aktionismus, sondern Innehalten und Nachdenken sind Thema. Welche Wege versprechen Hoffnung? In leise Worte zu fassen, was viele Menschen berührt, ohne große Töne zu spucken und trotzdem laut gehört zu werden, ist in lyrik – leiselaut gelungen.

Leseproben, Inhaltsverzeichnis: www.literaturpodium.de

125

Jahre im September

Gedichte und Erzählungen

Marko Ferst

Edition Zeitsprung

Jahre im September

Gedichte und Erzählungen

Marko Ferst

212 Seiten, Edition Zeitsprung, 2017

Über Ostseeinseln wie Öland und Usedom streifen die Gedichte. Sie führen in die schwedische Schärenstadt sowie nach Buchara, Samarkand oder in den Ural. Magische Ausflüge in die Natur und Tierwelt tauchen auf. Gedichte zu Musik, Literatur und Malerei reichern diesen Lyrikband an. Unter die Lupe genommen wird der Drang der Regierenden, uns mehr und mehr auszuspionieren. Kritik zieht das gescheiterte Afghanistan-Abenteuer auf sich, das syrische Totenfeld wird umrissen. In Bangladesch zeichnen sich weitere Landnahmen des Meeres ab, Wasserstände, die mit unserem verschwenderischen Lebensstil im Norden verbunden sind. Sondiert wird, warum unsere Zivilisation ökologisch zu scheitern droht, sich längst im Spätstadium befindet. In der Arktis zeigt sich, wie weit das Vorspiel zum Klimaumsturz schon gediehen ist. Spitzbergen archiviert unsere letzten genetischen Hoffnungen. Den Spuren und Abgründen einer mysteriösen Krankheit wird nachgegangen. Der Band enthält zwei Erzählungen - eine arktische Begegnung zwischen weißen Raubtieren und einen Blick in das sowjetische Speziallager Sachsenhausen.

Leseproben: www.umweltdebatte.de Bestellung: marko@ferst.de

Im Dünenblick

Gedichte

Peter Frank, Eline Menke, Carsten Rathgeber u.v.a.

304 Seiten, 2019

Über dem eiskalten Meer liegt Winternebel, Wellen spülen ans Ufer, das Dünengras ist gebeugt vom Wind. Kapstadt und Jakarta kommen in den Blick. Vom Potsdamer Belvedere und seiner langen stillen Zeit berichtet ein Gedicht. An den Ausbruch des dreißigjährigen Krieges wird erinnert. Gedichte sind Paul Celan gewidmet. Bis zum Horizont konnte man einst Divisionen erblicken. Seiltänzer bekommen ihren Auftritt. Ein Dichter geht ins Zwiegespräch mit Eva Strittmatter. Immer wieder gelangt im Band der Herbst zur Sprache. Warum neigt sich die Waage zum Risiko hin, drohen uns Lawinen einzuholen? Olivenbäume begleiten uns. Höfe wie Laternen sind in den Berg gehängt.

Leseproben, Inhaltsverzeichnis: www.literaturpodium.de

Bis dein Blick Meer wird

Gedichte

**Ulrich Grasnick, Günter Kunert, Sigune Schnabel
Henry-Martin Klemt, Charlotte Grasnick, Marko Ferst u.v.a.**

412 Seiten, 2019, 14,90 €

In der frischen Brise kurven Möwen über Dünen und Meer hinweg. Viel Weiß verbrauchte Caspar David Friedrich für seine Kreideküste. In einem weiteren Gedicht bricht die brennende Takelage des Winters herunter, umkreist von Rottgänsen. Farbige Versprechen tauchen beim Mexikanischen Totenfest auf, neue Kleider werden geschenkt. Ein Traumdetektiv geht auf die Suche. Patagoniens Puma und die Ruta 40 bekommen ihren Auftritt, Andengipfel. Für die Mutter will jemand kochen in einem syrischen Garten mit Datteln, wenn der Krieg vorbei ist. Blaue Pausen fallen in das Meer der Töne, Debussy verzaubert mit Flöten die Hörer. Krakauer Tauwetter, jemand spielt auf einer geraubten Trompete. Wie könnte Frühlingsluft durch die Flure der Zivilisation wehen? Der Müggelsee lädt zu einer Dampferfahrt ein. Grafiken von Dorothee Arndt illustrieren den Band. Das Köpenicker Lyrikseminar mit der Lesebühne der Kulturen Adlershof ist seit weit mehr als vier Jahrzehnten eine Institution. Für diesen Gedichtband wurden zahlreiche Gäste dazugeladen.
 Leseproben: www.umweltdebatte.de   Bestellung: marko@ferst.de